LIDERAZGO

Equipo de gestión e influencia para una mejor
productividad

(Guía de gestión para ser grandioso influenciando
y comunicando)

Ciril Gaona

I0089914

Publicado Por Daniel Heath

Liderazgo: Equipo de gestión e influencia para una mejor productividad (Guía de gestión para ser grandioso influenciando y comunicando)

ISBN 978-1-989853-55-9

Este documento está orientado a proporcionar información exacta y confiable con respecto al tema y asunto que trata. La publicación se vende con la idea de que el editor no esté obligado a prestar contabilidad, permitida oficialmente, u otros servicios cualificados. Si se necesita asesoramiento, legal o profesional, debería solicitar a una persona con experiencia en la profesión.

Desde una Declaración de Principios aceptada y aprobada tanto por un comité de la American Bar Association (el Colegio de Abogados de Estados Unidos) como por un comité de editores y asociaciones.

TABLA DE CONTENIDO

Parte 1

Introducción

Un líder y un jefe pueden ser la misma cosa o dos cosas diferentes dependiendo de las cualidades que posea la persona. Un líder puede ser el jefe o un jefe puede ser un líder, o pudiera ser lo completamente opuesto, donde un líder no es un jefe pero tampoco un jefe es un líder. No todos los jefes son líderes, aunque ambos jueguen un rol importante en nuestras vidas.

Los líderes son las personas responsables de inspirar, guiar y dirigir a un grupo de personas en el pasaje al logro de una causa común. Es alguien a quien observar y seguir ciegamente y de quien se espera que solo escuche a la gente y a más nada. Es también quien busca el bien para las personas y no solo su beneficio. En esencia es idolizado. El sitio Dictionary.com define un "Líder" como, "una persona o cosa que lidera, una cabeza que guía o dirige". El líder es el responsable de comandar a un grupo de personas, sin presionar demasiado y es siempre considerado una parte del grupo.Es considerado por tener características como la innovación, inspiración, guía, fortaleza y una visión. También es inteligente, cautivador, original, bueno, etc. Siempre debe liderar a las personas en la dirección correcta siempre siendo lo más justo posible. Trabaja para el beneficio de la gente y es una persona confiable.

Un jefe es la persona que está a cargo del lugar de trabajo. Puede ser directamente la cabeza de la compañía o puede ser el gerente. El jefe siempre tiene a alguien a quien responder tal y como los empleados tienen a quien rendir cuentas. Así que un jefe siempre tendrá un jefe y en algunas ocasiones puede ser la gente en general. Por ejemplo, un empleado en una empresa manufacturera rinde cuentas a su gerente, mientras que su gerente rinde cuentas al director, el director al gerente general, y el director general a los accionistas, quienes son el público en general. Se considera que los jefes trabajan con fines monetarios y no siempre se preocupan por el bienestar de la gente, siempre están buscando explotar a más gente, mientras tratan de pagar la menor cantidad posible. Los jefes obtienen autoridad y respeto del miedo y siempre tienen la última palabra. Dictionary.com define "jefe" como "una persona quien toma decisiones, ejerce la autoridad, domina, etc. una persona que emplea o supervisa a los trabajadores; Gerente."

Un jefe puede ser un líder y puede inspirar a su gente, mientras asume sugerencias activas. En resumen, mientras sus empleados estén más felices, serán más productivos, resultando en mayores beneficios para la compañía. Sin embargo, mientras los jefes son conocidos por promover el miedo, los líderes son conocidos por inspirar y liderar. Un líder estimula señalando los pasos a seguir, mientras que los jefes exigen el trabajo a la gente que supervisan presionándolos para que trabajen cada vez más duro. Los jefes con frecuencia dan órdenes mientras que los líderes dirigen mediante el ejemplo. En comparación, un líder es considerado más efectivo que un jefe al lograr más productividad que simplemente siguiendo órdenes.

El más exitoso es una mezcla de ambos, el líder y el jefe, y mientras algunas veces solo la autoridad cumple el truco, es mejor asegurar que los jefes crean en sus empleados y los dirija inspirándolos. La autoridad y el poder de un líder se encuentran en las manos de la gente mientras que la autoridad de un jefe, no.

7 Características que separan a un Jefe de un Líder

Mientras que un líder puede ser un jefe, no todo jefe es un líder. A pesar de que los líderes y los jefes tienen definiciones casi idénticas, en la realidad, son diferentes en el mundo competitivo actual. El solo término "líder" evoca una carga mayor de positivismo que el de "jefe." Sin embargo, cuando las personas aspiran a posiciones superiores en la vida, los negocios o la política, sueñan más con ser jefes que con ser líderes.

Una posible explicación de esto, es que ser líder requiere mucha más responsabilidad en un trabajo que ser jefe, viendo que ser jefe no necesariamente requiere realizar actividades especiales para impresionar a un superior. Mientras un jefe está principalmente preocupado por los resultados, un líder se siente responsable del proceso que produce el resultado y la gente que lo observará.

Observe algunas de las principales razones que distinguen a un líder de un jefe:

1. Los líderes lideran en vez de dirigir.

A través de la historia, los mejores jefes encabezaron a sus tropas en combates o campañas o lo que fuese. Las tropas no sentían temor porque su líder estaba allí con ellos. Los líderes están allí para liderar al equipo hacia adelante y a moverse juntos.

2. Los líderes escuchan y hablan en vez de comandar.

Los jefes tienden a dar órdenes, necesitan que sus empleados escuchen y obedezcan. Sin embargo, los líderes siempre escuchan la opinión de sus colegas y le asignan la importancia que les corresponde. Los líderes están siempre listos a asesorar, discutir y brindar cualquier asesoría a cualquier empleado. Esta reciprocidad, hace que cualquier empleado se sienta más fuerte y le brinda la confianza para seguir al líder.

3. Los líderes motivan en vez de aterrorizar.

Mientras se trabaja en proyectos, la gente tiene sus altos y bajos. A través de esta montaña rusa, los jefes tienden a intimidar para lograr la acción mientras que los líderes motivan a actuar.

Una de las mejores cualidades de un líder es que ofrece la empatía y prepara al grupo para la próxima tarea a realizar. Esto es muy importante, al ver que cuando los colegas no estén preparados para ciertas tareas, los líderes están allí para apoyarlos, enseñarlos y respaldarlos.Los líderes saben que cada empleado está en el equipo por alguna razón y tienen fe en cada esfuerzo concertado.

4. Los líderes enseñan y aprenden en vez de esperar e ignorar.

Un verdadero líder es la persona que tiene su propia estima, pero no es arrogante ni avergonzado de aprender de aquellas personas con cargos inferiores. Ellos saben que nunca es tarde para seguir aprendiendo. Esto explica la tendencia de los líderes de prestar atención a sus colegas, sabiendo que siempre se puede aprender algo más de ellos. Más aún, los líderes no son solo tomadores, sino dadores también. Un buen líder no es egoísta compartiendo su conocimiento con alguien más; y al contrario, enseña y educa a nuevos profesionales.

5. Los líderes participan en vez de permanecer a un lado.

Mientras los jefes escogen permanecer a un lado de la tarea, los líderes toman la iniciativa, supervisan el progreso de la tarea, realizan los ajustes necesarios y ayudan a los miembros del equipo. Escogen ser parte del equipo en vez de simplemente dirigir al equipo.

6. Los líderes dan reprimendas en vez de

regañar o gritar.

Cuando es necesario, el líder efectúa una crítica constructiva. Sin embargo, un líder nunca regaña o grita a ningún individuo, especialmente en público. Ellos entienden que están tratando con personas y nadie tiene derecho a humillar a otros. Lo que es aún mejor, el líder habla con la persona de manera directa y sin temperamentos.

7. *Los líderes establecen relaciones iguales.*

Todos los que han trabajado en un equipo saben lo que se siente cuando el gerente selecciona a sus favoritos y a los que no los son. Siempre causa estrés y tensión entre los miembros del equipo comprometiendo la productividad. Un buen líder trata a todos de igual manera y no permite preferencias personales que afecten la dinámica del equipo.

Durante su vida, encarará dos tipos de gerentes: Los líderes y los jefes. No importa lo alto de la posición de estos individuos; Los mandones son más propensos a fracasar, mientras que los que lideran tendrán éxito.

Quizá lo que mencioné antes no tenga sentido para usted ahora, pero eventualmente experimentará la diferencia y obtendrá una mayor comprensión sobre el tipo de gerente que preferiría en su vida profesional.

Claves para convertirse en un líder extraordinariamente eficaz

Para muchos empresarios, la última cosa de la que desea preocuparse (o hacer) es dirigir personas. Usted desea salir a conocer clientes, crear productos impresionantes y atraer nuevas oportunidades a través de la puerta frontal. Pero a menos de que haya contratado a alguien para encargarse de la tarea de dirigir a sus empleados, entonces permaneces   enganchado.

La buena noticia es que puedes hacer esa tarea un poco más fácil para ti recordando estas 7 claves esenciales de liderazgo y su organización se beneficiará como resultado directo.

1. Delegue sabiamente

La clave del éxito del liderazgo es aprender a delegar efectivamente tanto la responsabilidad de cumplir las tareas, como autoridad requerida para lograr que se hagan las cosas.

Muchos jefes sienten que necesitan controlar cada pequeña cosa que hacen sus empleados. Esta es una receta para el desastre. Cuando usted delega el trabajo a sus empleados, usted multiplica la cantidad de trabajo que puede cumplir mientras desarrolla la confianza de sus empleados, el liderazgo y las habilidades de trabajo.

2. Establezca Metas

Cada empleado necesita metas por las cuales luchar. Las metas no solo le dan dirección y propósito al empleado, sino que aseguran que sus empleados están trabajando en pos de las mismas metas organizacionales. Establecer metas específicas y cuantificables con sus empleados, y luego regularmente monitorear su progreso hacia su logro.

3. Comuníquese

Muchos jefes se comunican muy poco. Es usualmente difícil para un hombre de negocios ocupado y los ejecutivos mantener a sus empleados actualizados con respecto a las últimas noticias organizacionales.

Sin importar esto, debes realizar todos los esfuerzos para transmitirles la información que necesitan para realizar sus tareas rápido y eficientemente.

4. Dedique tiempo a sus empleados

Por encima de todo, el liderazgo es el trabajo por las personas. Cuando un empleado necesita hablar con usted, cualquiera que sea la razón, asegúrese de que usted cuente con el tiempo necesario para escucharlo. Haga su trabajo y su teléfono celular a un lado por un momento, y enfóquese en la persona que se encuentra delante de usted.

5. Reconozca los logros

Cada empleado desea hacer un buen trabajo. Y cuando lo hacen, desean ser reconocidos por sus jefes. Desafortunadamente, pocos jefes hacen mucho por reconocer y recompensar a aquellos empleados que realizan un trabajo bien hecho. La buena noticia es que existen muchas cosas que puede hacer un jefe y que cuestan muy poco dinero o nada, son fáciles de implementar y solo toma pocos minutos hacerlo.

6. Piense en soluciones duraderas

Sin importar cuán difícil sea un problema, siempre hay una solución rápida y los líderes están más felices cuando divisan una solución a los problemas. El problema radica en el empeño de solucionar las cosas rápido y saltar al próximo fuego, con frecuencia dejamos de buscar la solución duradera que tomaría más tiempo desarrollar. Aunque sea más divertido ser bombero, la próxima vez que tenga un problema que solucionar en su organización, analice las causas en vez de simplemente tratar los síntomas.

7. No se tome todo tan en serio

Sin lugar a dudas, gerenciar una compañía es un negocio serio. Los productos y servicios deben ser vendidos o entregados. Sin importar la gravedad de estas responsabilidades, los líderes exitosos convierten a sus organizaciones en lugares de trabajo agradable. En vez de tener empleados buscando cualquier razón para llamar y reportarse enfermo o llegar tarde y terminan siendo más leales y convertidos en fuerzas de trabajo energizadas.

9 Diferencias entre ser un Líder y ser un Jefe

Cuando eres promovido a un rol donde administras personal, no te conviertes en líder automáticamente. Hay distinciones importantes entre manejar y liderar personal. A continuación nueve de las diferencias que elevan al líder a otro sitial:

1. Los líderes crean una visión, los jefes crean metas.

Los líderes esbozan lo que ellos ven como posible, inspiran y enganchan a la gente para hacer realidad esa visión. Ellos piensan más allá que otros individuos. Activan al personal para que sean parte de algo más grande. Ellos conocen que los equipos de alto rendimiento pueden cumplir mucho más trabajando juntos que individuos trabajando autónomamente. Los gerentes se enfocan en establecer, medir y alcanzar metas. Ellos controlan las situaciones que alcanzar o exceden sus objetivos.

2. Los líderes son agentes de cambio, los jefes mantienen el Estatus Quo.

Los líderes se enorgullecen de intervenir. La innovación es su mantra. Abrazan el cambio sabiendo que aun cuando las cosas estén funcionando, podría haber una mejor forma de avanzar por lo tanto entienden y aceptan el hecho de que los cambios al sistema con frecuencia crean olas. Los jefes se apegan con lo que funciona, refinando los sistemas, las estructuras y los procesos para mejorarlos.

3. Los líderes son únicos, los jefes son una copia.

Los líderes están dispuestos a ser ellos mismos. Están conscientes y trabajan activamente para construir y diferenciar su marca personal. Se sienten cómodos en sus propios zapatos y dispuestos a destacarse. Son auténticos y transparentes. Los jefes imitan las competencias y comportamientos aprendidos de otros y adoptan su estilo de liderazgo en vez de definir el suyo propio.

4. Los líderes Asumen riesgos, los jefes controlan los riesgos.

Los líderes están dispuestos a probar nuevas cosas aun cuando puedan fracasar miserablemente. Ellos saben que fallar esta usualmente a un paso del camino al éxito. Los jefes trabajan para minimizar el riesgo. Buscan evadir o controlar los problemas en vez de abrazarlos.

5. Los líderes están presentes por largo tiempo, los jefes piensan al corto plazo.

Los líderes tienen la intencionalidad. Hacen lo que dicen que van a hacer y se mantienen motivados hacia una meta grande y generalmente muy distante. Se mantienen motivados sin recibir recompensas regulares. Los jefes trabajan por metas a corto plazo, buscando un reconocimiento más regular o elogios.

6. Los líderes crecen personalmente mientras que los jefes se basan en capacidades existentes o comprobadas.

Los líderes saben cuándo no están aprendiendo algo nuevo cada día, no se quedan detenidos, y avanzan detrás. Se mantienen curiosos y buscan mantener su relevancia en un mundo de trabajo siempre cambiante. Ellos buscan personas e información que expanda su pensamiento. Los gerentes a menudo duplican lo que les resultó exitoso, perfeccionando sus habilidades, y adoptando comportamientos comprobados.

7. Los líderes crean relaciones, los jefes construyen sistemas y procesos.

Los líderes se enfocan en la gente - todos los interesados que necesitan influir para realizar su visión. Ellos conocen quienes son sus interesados y dedican más de su tiempo a estar con ellos. Construyen la lealtad y la confianza honrando su promesa. Los jefes se enfocan en las estructuras necesarias de establecer y lograr las metas. Se enfocan en el análisis y se aseguran de que los sistemas estén en el lugar adecuado para obtener los resultados deseados: trabajan con los individuos, sus metas y objetivos.

8. Los líderes asesoran, los jefes dirigen.

Los líderes saben que las personas que trabajan para ellos tienen las respuestas o son capaces de encontrarlas. Ven a su gente competente y son optimistas acerca de su potencial, Resisten la tentación de decirle a su gente que hacer y cómo hacerlo. Los jefes asignan tareas e instruyen como cumplirlas.

9. Los líderes crean seguidores, los jefes tienen empleados.

Los líderes cuentan con personas que les siguen, sus seguidores se convierten en sus seguidores más antiguos y promotores más fervientes, ayudándolos a construir su marca personal. Sus seguidores los ayudan a aumentar su visibilidad y credibilidad. Los jefes tienen un personal que cumplen órdenes y buscan complacer al jefe.

Secretos de los Jefes de tiempo efectivo

La administración del tiempo puede ser uno de los factores más importantes para determinar su éxito, ya sea que esté considerando asumir un gran compromiso como retomar la escuela o mantenerse en lo más alto de sus responsabilidades en el trabajo o en el hogar.

El manejo de un equipo no siempre es fácil. La mayor parte del tiempo significa transitar diferentes personalidades, hábitos de trabajo y motivaciones mientras balancea sus propias tareas manteniendo las metas de la compañía en mente. Requiere de mucho trabajo entender esto, pero hemos reunido varios secretos con al fin de ayudar a cada gerente, desde el más práctico y experimentado hasta los más nuevos cumpliendo el rol. Cuales son algunos de los secretos de las personas que logran que todas las cosas se realicen y más. Recuerde que mientras nadie es perfecto todo el tiempo, definitivamente, hay algunas habilidades que puede aprender para ayudarle a triunfar a alcanzar el éxito manejando el tiempo.

1. Priorización

Para aquellas personas que intentan hacer malabares entre el trabajo, la vida hogareña y la escuela simultáneamente, es realmente importante asegurarse de cuáles son las demandas de cada uno de los tres, y aprender a priorizarlos diaria, semanal o mensualmente. Mantener listas de "Por hacer" puede ser de gran ayuda, así como también comunicarse con aquellos que serán impactados por su apretada agenda. Su familia, compañeros de trabajo y de clases pueden ser un gran recurso de apoyo y entendimiento - No dude en aprovecharlo.

2. Planifique por adelantado

Las posibilidades son, que usted por

adelantado conozca desde algunas semanas o meses previos cuando su programación enloquecerá. Quizá se haya inscrito en clases sabiendo que las semanas finales serán rudas. Tal vez usted tenga que viajar por asuntos de trabajo y estará imposibilitado de cumplir sus otros plazos. Cualquiera sea el caso, aproveche las pausas para prepararse para los momentos más ocupados. Recuerde que fallar en planificar es planificar fallar!

3. Desarrolle un horario acorde

Si usted conoce que trabaja mejor durante la mañana, reserve ese tiempo para realizar su trabajo. Si usted prefiere ejercitar al final de la tarde, asegúrese de asistir al gimnasio en ese momento. Encuentre los momentos del día cuando sea más productivo y aprovéchelos al máximo. Enfocándose en una actividad por tiempo, avanzará más que intentando cubrir varias actividades aleatoriamente.

4. Enfoque

Cuando sea el momento de hacer las cosas, elimine las distracciones, sea el Facebook, la losa desbordándose del fregador o los niños peleando en la sala. Consiga un lugar donde pueda enfocarse completamente en la tarea y dedicarse a esta hasta concluirla. Muchas veces tratamos de aplicar la multi-tarea, cuando en realidad lograrías mucho más enfocándote en una cosa a la vez.

5. Tómese un descanso

Cuando usted es una persona altamente motivada, siente que puede lograr cualquier cosa que ponga en su mente y puede ser el caso, pero recuerde que cada quien tiene sus propios límites, sea de tiempo o de paciencia. El quemarse es real y puede reducir su rendimiento si usted se presiona demasiado y por largo tiempo. Tal y como sucede con todo, asegúrese de apartar tiempo para relajarse, ver a sus amigos y familiares, y apartar su mente de la lista por hacer. Cuando regrese a la misma, se sentirá vigorizado y listo para el próximo reto.

6. Mantenga una mentalidad de maratón

Cuando asciende o es promovido a una nueva posición gerencial, es muy fácil sentirse excitado acerca de sus ideas. Este entusiasmo es definitivamente una cosa buena pero es muy importante apaciguarse. Antes de comenzar cualquier proyecto grande, tómese un tiempo para entender su rol y las cualidades internas de su equipo.

Como gerente de un equipo podría no siempre contar con el lujo del tiempo y los cambios rápidos a veces son esenciales. Más aún, tómese el tiempo para consultar y entender a su equipo para asegurarse de no sacar al bebe con el agua de la tina. Si usted tiene grandes ideas que no puede realizar justo ahora, tome nota de ellas en algún lugar que pueda recordar y volver a ellas cuando se haya asentado en su cargo.

7. *Establezca expectativas reales*

Como gerente, usted utiliza su conocimiento de la imagen completa para movilizar a su equipo hacia cada meta. Nada motiva más a un equipo que el éxito, sin importar cuan pequeña sea la victoria. De igual forma, un equipo puede descarriarse si usted establece metas que nunca podrán cumplirse.

Si usted quiere crear una nueva política, establezca un nuevo objetivo o haga un cambio, necesita entender si ha establecido expectativas reales. Esto pudiera significar revisar el presupuesto asignado o la carga de trabajo de aquellos de quienes necesitará ayuda. Pero también debe recordar que incluso los grandes proyectos que se ven difíciles de alcanzar pueden ser seccionados en tareas más manejables. Puede demorar un poco más en alcanzarse la meta final, pero los pequeños triunfos a lo largo del camino serán grandes motivadores morales para el equipo.

8. Conozca lo que su equipo hace

Si usted está buscando realizar un cambio o desea ver qué cambios se necesitan, siéntese con sus empleados para conocer lo que hacen. Es importante asegurarse de entender el rol que desempeñan antes de pensar en cambiarlo. Pregúnteles acerca de los problemas que deben enfrentar y las posibles soluciones. Ellos pudieran tener algunas visiones distintas a las que usted puede ver desde su oficina.

9. Encuentre motivadores reales

La promesa de un aumento puede impulsar a algunos empleados hacia la línea de meta, pero otros no les mueve por dinero. Hay muchos otros motivadores que puede considerar, así como la oportunidad de trabajar desde casa, algún tiempo personal extra o hasta exaltaciones verbales por el esfuerzo realizado. Cuando descubra los motivadores reales para cada individuo podrá utilizar esta información para animar a su equipo cuando se encuentren en un declive.

10. Explique el por qué

Es difícil para los empleados conquistar un reto si no entienden por qué están haciendo lo que están haciendo. Tómese el tiempo para explicar la razón detrás de cambio o ambición. Siempre esboce la imagen general y asegúrese que su equipo sepa como su trabajo contribuye e impulsa a la compañía hacia su meta. De igual manera, la retro alimentación es esencial. La gestión efectiva del equipo incluye sentarse con sus empleados para comentarles como cubrieron o no sus expectativas y sepan cómo mejorar.

11. Desarrolle trabajadores independientes

Un trabajador independiente es un trabajador efectivo. Usted quiere desarrollar a su equipo para que sea adiestrado en lo que hacen, entusiasmados acerca de lo que la compañía hace y empoderados para asistir mejor a los clientes. Usted tiene la autoridad para asignarles los recursos necesarios. Dotar a su equipo con el entrenamiento apropiado, herramientas excelentes y recursos adecuados para que puedan trabajar de la mejor manera y acorde a sus habilidades. Por su parte, usted también necesita delegar efectivamente para trabajar evitando las micro gestiones. Si no les permite avanzar con sus ideas ellos nunca aprenderán a volar.

12. Reconozca el talento de sus empleados

Cada empleado ofrece un grupo diferente de habilidades a la compañía. Todos tienen sus propias fortalezas que si son incentivados de la manera adecuada serán aprovechados en beneficio de la compañía. Depende de usted, como su gerente identificar y esbozar estos talentos. Una vez identificados, usted podrá trabajar con cada empleado para dilucidar la mejor manera de usar sus habilidades y que entrenamiento adicional pudieran desear o necesitar para llevarlos a otro nivel.

13. Enfóquese en la cultura de equipo

Su relación con cada empleado es importante, pero la manera como interactúa todo el equipo es vital. Encontrará que aquellos equipos que disfrutan asistiendo a su trabajo tienen una mayor motivación. Por supuesto, la cultura de equipo no es algo que usted puede forzar, evolucionará naturalmente a su manera pero usted puede dirigirla en la dirección correcta estando pendiente de las oportunidades que surjan e involucrando a todo el equipo.

14. Sea un modelo

Cuando ascienda a una posición gerencial, su equipo tomará las señales de su actitud, el entusiasmo y la ética de trabajo - o la falta de esta. De la misma forma que las actitudes desbordan, lo hace el comportamiento. Por ejemplo, si desea que todos lleguen puntualmente a las reuniones de equipo, llegue temprano usted mismo. Practique lo que profesa o sus empleados no estarán felices cuando espere que den lo que usted mismo no puede dar.

15. Mantenga la puerta abierta.

Evite ser el último en enterarse acerca de los problemas con proyectos o entre los miembros del equipo haciéndose alcanzable. Aprenda a escuchar antes de responder y muestre respeto por lo que sus empleados digan cuando acudan a usted. En estos tiempos de oficinas remotas, permitir a los empleados saber que usted está disponible toma algo más que dejar la puerta de su oficina abierta.

Usted debe instarlos a acudir a usted ante cualquier pregunta y recordarles que aun cuando en algún momento no se encuentre disponible, hará todo lo que pueda para reservar tiempo para ellos. Un negocio solo es tan bueno como sus empleados, y los empleados prosperan cuando su líder tiene habilidades efectivas de gestión de equipos. Para los nuevos gerentes - e incluso para algunos antiguos - puede ser un reto liderar un nuevo equipo. Por lo tanto, con un pequeño esfuerzo y un poco de estos secretos usted se descubrirá qué todo se trata de confiar en sus habilidades para dirigir a su equipo hacia el éxito.

Características del buen Liderazgo

Las características del buen liderazgo es algo que ha sido estudiado por muchos años y a través de mi investigación, he descubierto patrones similares en líderes que en resumen vale la pena mencionar. No todos los líderes tienen estas cualidades, pero es útil tenerlas si desea ser un buen líder. A través del estudio he descubierto estas diez características de buen liderazgo:

Visión

Los buenos líderes tienen visión. Los buenos líderes conocen hacia donde se dirigen y lideran a la gente con la misma visión que tienen para su vida, una comunidad y hasta una nación. Ellos no solo observan las cosas como son, sino como deben ser las cosas.

Apasionados

Los buenos líderes no son personas pasivas. Ellos usualmente son personas extremadamente apasionadas en lo que sea que estén haciendo, bien sean deportes o negocios, los líderes son extremadamente enfocados y algunos de ellos llegan a ser consumidos por su pasión.

Sabios

Los buenos líderes son sabios y disciernen, Ser un líder a menudo significa tomar decisiones cruciales en diferentes puntos de su ministerio. Teniendo la sabiduría para tomar la decisión correcta es extremadamente importante para asegurar el éxito de la organización.

Compasivos

Ellos tienen compasión por sus seguidores. Mientras entienden que tienen una meta que perseguir, constantemente voltean hacia atrás y cuidan de las personas que le siguen. No son personas egoístas que solo piensan en sus necesidades y lujos, ellos también tienen sentimientos por las personas que les siguen.

Carismáticos

Los buenos líderes son carismáticos, son personas atractivas y atraen a las personas hacia ellos por su brillante personalidad. Bien sea por la forma como hablan, o la excelencia que exigen de las personas, estos líderes tienen un factor X hacia el cual la gente se siente atraída.

Buenos comunicadores

Son muy buenos en la oratoria y hablando. Son extremadamente bien versados hablando en público y pueden influenciar e inspirar a personas con las cosas que dicen. Con esta habilidad no es una sorpresa que puedaganar un buen seguimiento.

Persistentes

Son persistentes para alcanzar sus metas. Ellos entienden que alcanzar la meta está lleno de contratiempos. A pesar de eso, ellos observan que los beneficios de alcanzar la meta son mayores que los contratiempos que puedan experimentar. Esto los hace personas extremadamente persistentes.

Integrales

Los buenos líderes tienen integridad, Ellos aseguran lo que dicen, y dicen lo que aseguran. Son personas que honran sus promesas y no juegan el juego político de doble cara que muchos otros juegan. Como tal, las personas los hallan confiables y como resultado se comprometen con ellos.

Valientes

Ellos son valientes. Winston Churchill dijo que el valor es una virtud sobre la que todas las demás virtudes descansan. Al solo tener un sueño central, los buenos líderes son lo suficientemente valientes para perseguirlo. Los miedos son reales, pero un líder valiente persigue sus sueños a pesar de los miedos.

Disciplinados

Los buenos líderes son extremadamente disciplinados en la persecución de sus metas. Mientras la mayoría de las personas se distraen fácilmente o se desvían, los buenos líderes disciplinan su carne para mantenerse enfocados a pesar de las circunstancias. Allí tiene diez características del buen liderazgo, podrá observar si tiene carencias en algunos aspectos y fortalezas en otros, Pero sin importar esto, no se trata de hacerse perfecto, sino de conocer sus carencias y esforzarse en desarrollar esas características en usted.

La importancia de desarrollar las habilidades del Liderazgo

El desarrollo del liderazgo es muy importante porque las organizaciones toman la personalidad de los líderes. Por esta razón recibir entrenamiento de liderazgo es una prioridad para cada organización. El desarrollo del liderazgo y el entrenamiento pueden maximizar la productividad, promover la armonía, así como también modelar una cultura positiva.

Solo habrá armonía y un incremento de la productividad cuando los líderes utilizan el estilo correcto de liderazgo.

Como pueden ayudarlo las habilidades del Liderazgo

El liderazgo no es tan fácil. Usted debe haber notado como varios líderes, sin esforzarse gerencian a su personal; Sin embargo, recuerde que la ruta del líder tiene muchos retos y sorpresas. Lo bueno es que los líderes no están solos para enfrentar estos retos. Un líder cuenta con un grupo que trabaja junto para superar cada reto así como también lograr cada meta. Mantenga en mente que el rol del líder no es resolver cada problema solo; más bien, él o ella inspira a la gente a resolverlos. Los buenos líderes serán capaces de reconocer que no tienen todas las respuestas. Además, están constantemente reeducándose en su aventura, así como también afinar sus habilidades de liderazgo. De igual manera, un excelente líder será cuidadoso al comunicarse con su personal de la mejor manera posible.

Los distintos estilos de Liderazgo

Dictatorial - El dictador tiende a mantener el poder de decisión. Algunas de las características de este tipo de liderazgo incluirá el actuar sin preguntar, el conocimiento es poder y sin errores. Este estilo de liderazgo ha probado ser eficiente cuando el grupo se encuentra fuera de control y hace muy poco o ningún esfuerzo por trabajar. En este caso, el dictador hará un llamado a los miembros del equipo deben ser igualmente responsables y asegurarse del cumplimiento de la meta.

Democrático - En esta situación el líder se esforzará para asegurarse que el grupo esté bien informado y participe en el logro de la meta. Algunas características de este estilo de liderazgo incluirá la participación entre los miembros del grupo, la exhortación al debate, y el poder de veto. Funcionará mejor si está dirigiendo un personal altamente motivado que necesita dirección. El líder tiene la tarea de determinar cuáles de las ideas planteadas por los miembros del equipo son correctas o incorrectas.

Participativo - Este estilo de liderazgo difumina la línea entre el líder y los miembros del grupo. Actualmente requiere que el líder sea parte del grupo. Algunas características de este estilo de liderazgo incluyen la igualdad, visión de grupo y la responsabilidad compartida.

Conclusión

1. Los buenos líderes deben contar con la habilidad de tomar buenas decisiones en el momento indicado y deben tener buen juicio.

2. Los buenos líderes necesitan ser individuos que piensen con visión de futuro y necesitan ser capaces de visualizar lo que quieren y como lo quieren. Establecer metas es muy importante y un buen líder debe asegurarse que estos principios sean adoptados por todos los miembros del equipo.

3. Un buen líder debe ser un individuo honesto e inspirar confianza e integridad en quienes trabajan con él.

4. Un gran líder siempre mostrará gran confianza en todo lo que hace.

5. Un buen líder puede inspirar a su equipo y tiene un interminable caudal de aguante físico y mental.

6. Los líderes son inteligentes y siempre dispuestos a mejorarse a sí mismos. Siempre están leyendo temas que les

ayudarán a superarse.

7. Los grandes líderes son innovadores. Están constantemente pensando en nuevas maneras de implementar algo y plantear nuevas soluciones a los problemas.

8. Los líderes son valientes, aun cuando las cosas se pongan rudas. Ellos permanecen en calma y confiados, incluso cuando enfrentan obstáculos inesperados. Asumen la carga cuando sea necesario.

9. Los líderes son de mente abierta y están dispuestos a escuchar otras opiniones, así como también dispuestos a aprender de otros.

10. Los líderes son justos y sensibles a los sentimientos de otros. Están disponibles y comprensivos.

Parte 2

Introducción

Quiero agradecerte y felicitarte por comprar el libro.

Una de las preguntas más importantes que la humanidad siempre se ha preguntado es: ¿qué hace a un líder efectivo? ¿Por qué la presencia de algunas personas solo exige que se las siga, mientras que otras parecen tener dificultades para que las sigan?

Este libro se centra en cómo ustedpodría desarrollar las cualidades esenciales de un líder. Al decir "desbloquear", debemos definir que es el liderazgo, los diferentes tipos de líderes, las implicaciones de los diferentes tipos de liderazgo y el desarrollo de las cualidades de liderazgo deseadas.

A menudo, los líderes no son reconocidos hasta que eventualmente nos dejan. Si bien se sabe que los grandes líderes inspiran a los empleados e inician movimientos singulares en las organizaciones, su impacto en nuestras vidas sigue subestimándose hasta que desaparecen. ¿Pero necesita usted realmente dejar su empresa actual para que sus contribuciones sean "reconocidas"oficialmente? Más importante aún, ¿necesitamos, como empleados, ver a alguien irse para que lo veamos como un líder?

Hemos conocido a grandes personas, y hemos visto transitara algunas de ellas. Jobs, Mandela, Lincoln e incluso Mao Zedong, son venerados como líderes por derecho propio. Tenemos a Lee KwanYu, Bill Gates, Jeff Bezos, Larry Page y Kwon Oh Hyun como individuos actuales impulsando el liderazgo organizativo y político a nuevas alturas. ¿Necesitamos ser como ellos para ser reconocidos como líderes?

Todos podemos seguir haciendo preguntas sobre el liderazgo, pero un hecho permanece: todos estamos dotados con el potencial para liderar. Debido a eso, también tenemos el potencial de convertirnos en grandes líderes. Si hasreflexionadoen ese pensamiento durante mucho tiempo, ¿no cree que ya sea hora de que usted se haga cargo y gobierne el mundo?

Este libro le ayudará a desbloquear su potencial. Siéntese y disfrute del paseo.

Capítulo 1: Desbloqueo Del ADN Del Liderazgo

¿Qué tienen los líderes en común? Si realiza una lista de todos los líderes empresariales y enumera todos sus rasgos, solo usted podrá responder esta pregunta estableciendo sus puntos en común. Una mejor manera de responder a esta pregunta es analizar las cualidades de los líderes efectivos utilizando un punto de vista objetivo. Vayamos a través de las diferentes prosecuciones que hacen líderes eficaces.

Los líderes ven el futuro

Los líderes son visionarios. Ellos tienen un hambre constante de conocimiento que está marcado por una intensa curiosidad. Como resultado, tienen su propia visión única del futuro de una empresa y trabajan muy duro para que esto suceda tan pronto como asuman suspuestos. Debido a que su punto de vista es único, los líderes son responsables de una de las principales marcas del liderazgo efectivo: el movimiento coherente.

El movimiento coherente está marcado

por la singularidad, de modo que una mano sabe lo que está haciendo la otra. Y debido a que todos se están moviendo en la misma dirección, el futuro, tal como lo imaginó el líder, está a su alcance.

Los líderes ven resultados

Los líderes siempre buscan resultados. Los líderes siempre entregan resultados. Y los líderes siempre se aseguran de que los resultados ocurran. Una organización tiene que seguir moviéndose. Si es nueva, tiene que alcanzar un hito. Si ha estado allí durante décadas, tiene que mantener su impulso. Pierde el impulso, y podría perderlo todo. Con la densidad de competencia allí afuera en este momento, los líderes siempre se ponen de pie porque nunca sabrán si su competidor está tratando de atraparlos, por una buena razón.

Y cuando se trata de resultados, los líderes se aseguran de que se cumplan los objetivos. Después de todo, ¿para qué un objetivo si no es logrado? Esto trae consigo una característica que un líder eficaz tiene: la toma de decisiones.

Los líderes se comunican

Esto es cierto para algunas organizaciones ahora: algunos líderes ya no tienen tiempo para llegar a la línea frontal y ver cómo van las cosas para ellos. La comunicación es lo suficientemente poderosa como para mover montañas. Cuando un líder cae y habla con aquellas personas que están haciendo el "trabajo sucio", hacen que las cosas se vean bien incluso cuando no es así. El efecto tranquilizador que tienen sobre los empleados es inconmensurable. Además, tienen la oportunidad de reavivar la pasión de uno por la organización.

Al ser capaces de comunicarse, los líderes efectivos generan un factor importante en el desarrollo de los recursos humanos: el fortalecimiento de los demás. Si un líder puede empoderar a su gente, su gente lo empoderará aún más. La relación de dar y recibir no puede ser negada. En este punto, un líder popular no puede ser un buen comunicador. Si ese es el caso, ¿es él efectivo?

Los líderes desarrollan

Los líderes no solo observan la evolución

de su organización. También observan el desarrollo de su gente. Si las personas ven un crecimiento continuo en sus carreras, se sienten más motivadas para trabajar. Debido a que están motivados para trabajar, se cumplen los objetivos de la organización y la empresa avanza al siguiente hito.

Esta cualidad genera una característica del liderazgo efectivo: construcción de relaciones. Si los líderes buscan desarrollar su personal, ellos podrán ser capaces de establecer relaciones que ayuden a la empresa a crecer. Si tal relación crece profundamente, ésta genera pasión.

Los líderes guían su conversación

Los líderes tradicionales han sido vistos como comandantes, personas cuya tarea principal es vociferar órdenes a sus subordinados. Ahora no; eso ha cambiado. Actualmente, los líderes son considerados seguidores. Un líder generalmente no obtiene el respeto que necesita si no practica lo que predica.

Si un líder es capaz de guiar su conversación, se vuelve carismático. El carisma es lo que hace que la organización sea móvil. Luego, volvemos al punto de partida: movimiento hacia una meta como una entidad única, con pasión y con relaciones positivas.

Las cualidades de un líder efectivo parecen ser demasiado teóricas arriba. Hasta la fecha, nadie ha venido aaseverar que tiene todas o las mejores cualidades que un líder debería tener. Eso es porque todos estos rasgos son desarrollados. Se adquieren y no se otorgan como un regalo natural. Mientras que las personas que nacen persuasivas, tienen su actitud para trabajar. Y como nadie es perfecto, todos nosotros empezamos desde cero.

En el siguiente capítulo, vamos a conocer los diferentes tipos de líderes y escudriñar su impacto en las organizaciones de hoy en día.

Capítulo 2: Los Tipos De Líderes

La clasificación de los líderes que se encuentra en este capítulo ha estado allí desde que se estableció el concepto de liderazgo. Revisémoslos de todos modos antes de discutir lo que puedehacer usted para desarrollar su potencial de liderazgo.

El Líder Liberalita "Laissez-faire leader"

Hay líderes que no les gusta supervisar a sus empleados. Si bien este tipo de liderazgo es útil en organizaciones donde los empleados están altamente capacitados y tienen mucha experiencia, no es posible encontrar una organización con cero aprendices. Dicen que siempre aprendemos algo nuevo en el trabajo, y eso es cierto. Entonces, ¿qué pasa si hay empleados que necesitan supervisión?

Las implicaciones de este tipo de liderazgo son claras: baja producción, poca eficiencia y mayores costos.

Las personas que creen en este tipo de liderazgo generalmente presentan dos argumentos. Primero, es que los empleados son responsables de su propio aprendizaje. En segundo lugar, los empleados deben ser responsables y explicables de sus propias acciones.

Sin embargo, si no hay nadie que les enseñe, ¿cómo pueden aprender? ¿Y cómo van a saber lo que necesitan aprender? Si también son responsables y explicables de sus acciones, ¿quién sabrá si van más allá de sus límites?

El LíderAutocrático

Hay líderes que forjan un punto para imponer sus decisiones sin consultar a los gerentes o empleados. Desafiarlos es un crimen y evaluar los méritos de su decisión es un delito capital. Como resultado, este tipo de líder está altamente involucrado en las diferentes funciones de su organización, pero no tanto en las de sus empleados.

Las implicaciones de este tipo de liderazgo son las siguientes: sentimientos de impotencia entre los empleados, potencial de desarrollo limitado para empleados talentosos y resistencia hacia quienes toman las decisiones.

Hay personas que creen en este tipo de liderazgo. Ellos dicen que ser autocrático ayuda a solidificar la organización para que actúe con coherencia. También creen que en medio de las diferencias que tienen las personas en la organización; es conveniente equilibrar las cosas confinando la autoridad para la toma de decisiones a un solo cuerpo de personas o a una persona.

Sin embargo, si los empleados se sienten capacitados, parecería que están actuando en contra de su voluntad. No habrá libertad, y se relajarán sobre los asuntos que necesitan decisión. El impacto: retrasó de la productividad hasta que llega la decisión.

El Líder Participativo

También conocido como el Líder Demócrata, el Líder Participativo involucra a los empleados en el proceso de toma de decisiones. Este tipo de liderazgo hace que la moral de los empleados aumente porque los empleados pueden hacer sus propias contribuciones antes de que se implementen las decisiones.

La implicación de este estilo de liderazgo se ve en el entorno laboral. La productividad aumenta, la eficiencia también aumenta y los empleados se sienten generalmente felices en el lugar de trabajo.

Sin embargo, si bien el Liderazgo Participativo parece ser más complaciente por naturaleza, también tiene sus propios inconvenientes potenciales. Idealmente, la decisión final vendrá del líder como resultado de evaluar las diferentes opiniones de los empleados. Si el líder no hace cumplir esa idea, la fuerza de voluntad de los empleados podría abrumarlo y causar parálisis organizativa.

El Líder Transaccional

Este tipo de liderazgo se basa en el modelo de recompensa y castigo. La palabra operativa aquí es "consecuencia". Lo que sucede es que un líder se reúne con los empleados para acordar objetivos organizacionales. Dado que las metas están predeterminadas, se establece un "contrato" entre el líder y los empleados y sobre el acuerdo se establecen metas previamente establecidas.

El resultado de este tipo de liderazgo es el logro de la meta. En efecto, a un líder se le otorga el derecho de revisar y evaluar el desempeño de los empleados y se reserva el derecho de imponer sanciones o recompensas según el resultado.

Si bien este tipo de liderazgo funciona bien en un entorno orientado a resultados, hay un problema: si el "castigo" es punitivo, podría causar temor entre los empleados por no poder cumplir una meta. Tenga en cuenta que el miedo es un motivador que connota resultados negativos.

El Líder Transformacional

Este tipo de liderazgo implica un alto grado de comunicación y visibilidad. Las organizaciones con líderes de este tipo verán a sus gerentes y ejecutivos sumergirse en las operaciones diarias de la compañía. El elemento transformador de este estilo se demuestra al hablar constantemente con los empleados para mejorar el desempeño actual.

La implicación de este tipo de liderazgo es clara: si los líderes están involucrados en alcanzar los objetivos de la empresa, los empleados tienden a trabajar mejor porque la administración también está trabajando con ellos.

En lo que se refiere a los escollos, los líderes transformacionales, cuando no tienen cuidado, pueden sofocar a los empleados. Debido a que se mezclan con los empleados en el lugar de trabajo, los líderes también deben ser tolerantes y comprender las diferentes características de las personas con las que tratan. Si los líderes no son tan sociables, es posible que no puedan darse cuenta de los beneficios de este estilo de liderazgo.

Entonces, al refrescar su memoria sobre los diferentes estilos de liderazgo mencionados anteriormente, ¿qué puede usted deducir? Observe a los líderes actuales en su propia organización y observe cómo ellosparecen abarcar todos los estilos mencionados anteriormente. Comprensiblemente, los estilos de liderazgo dependen del contexto. Hay momentos en que serautocrático es mejor, y hay momentos en que es mejor involucrar a los empleados, etc. La pregunta restante es, entonces, ¿qué necesita usted para convertirse en un líder? La respuesta está en el siguiente capítulo.

Capítulo 3: Lo Que Necesitas Para Convertirte En Un Líder

Sin mucho preámbulo, la respuesta a la pregunta en el capítulo anterior es esta: el aprendizaje. Se dice que el liderazgo es un rasgo adquirido. Algunos nacen con una habilidad aparentemente fluida en persuasión, pero el resto de las habilidades de liderazgo se aprenden en acción. Entonces, ¿qué pasos usted puede tomar? ¿Y qué es exactamente lo que se supone que usted debe aprender?

Aprenda a comunicarse de manera efectiva

La comunicación es importante en todos los entornos en los que nos involucramos. En el trabajo, la comunicación es algo que cierra la brecha entre el desempeño y el logro de objetivos, así que evita estos escollos: hablar mal de las personas porque se sentirán menospreciados, hacer preguntas cerradas porqueno se volverán creativos, usar una autoridad excesiva porque se volverán temerosos, y promover una cultura de unanimidad porque se volverán dependientes.

En cambio, usted podrá comunicarse de manera más efectiva cuando ejerza la audición activa para valorar la idea de cada individuo, cuando muestre gratitud por su apertura y sus contribuciones, cuando proporcione comentarios constructivos para reconocer los diferentes aspectos de su desempeño, cuando no se concentre demasiado en su autoridad y trate a los empleados como sus compañeros, y cuando evite la actitud en blanco y negro de " Yo tengo razón; Tú te equivocas."

Aprenda a ser amigo de todos

Mostrar entusiasmo en el trabajo es contagioso, y la gente espera que la fuente de esto sea su líder. Pero simplemente mostrar una actitud emocionadano es suficiente. De hecho, hay líderes que están distantes hasta el punto de evitar la interacción con los empleados, que son intolerantes al punto de no permitir que ocurran errores, que son injustos al punto de limitar las oportunidades de crecimiento para algunas personas y que son egoístas al punto de poner sus ganancias antes que las de los demás.

Para superar el riesgo y evadir tropiezos en el lugar de trabajo, sea amigable respetando a cada uno de sus empleados y reconociendo sus ideas, sea comprensivo reconociendo que todos cometen errores y que hay espacio para mejorar, sea justo al brindar igualdad de oportunidades para compartir y crecimiento para todos sus empleados y sea una persona de integridad al vincular sus objetivos con los objetivos de sus empleados.

Aprenda a inspirar a todos

Parece difícil inspirar a todos a trabajar por un objetivo en común. Sin embargo, eso es sólo una percepción de base. Esto significa que si usted cree que su grupo no podrá alcanzar la meta; usted será propenso a mostrar comportamientos que no los motivarán. Así que evite estos escollos: no sea demasiado lineal en lo que respecta a las discusiones sobre objetivos, no sea demasiado estricto con respecto a alcanzar el objetivo y nada más, no sea demasiado transversal hasta el punto de reprimir al grupo para perseguir sus objetivos, y no se aleje demasiado para desalentar la comunicación abierta.

En lugar de ser una fuente de desmotivación, vuélvase el faro de inspiración,conviértase en el apoyo definitivo que su grupo necesita, conviértaseen la guía que necesitan cuando se trata de reorientarlos hacia sus objetivos, conviértaseen una fuente de aliento al apreciar hitos de los empleados y esfuerzos adicionales, conviértaseen mediador cuando se trata de desacuerdos grupales sobre el logro de objetivos, y conviértaseen un miembro participativo en las discusiones, y considere las opiniones de todos los demás.

Aprenda quien es su gente

Esto no es algo literal, y se vuelve bastante difícil de hacer si está liderando a un grupo de cien personas. Pero no deje que eso lo detenga. No sea el tipo de líder que se niega a interactuar con diferentes empleados en diferentes niveles, no sea el tipo de líder que ni siquiera reconoce a sus empleados, y que solo lo hará si ve sus identificaciones, y no sea el tipo de líder que permanece en su escritorio todo el día, totalmente ausente a la vista de los empleados.

Para saber quién es su gente, sea un líder que interactúe con todos. El mero gesto de saludar a la gente en el ascensor demuestra ser eficaz para mantener a los miembros motivados. Si es posible, trate de recordar los nombres de las personas en su organización, incluso si solo usted puede ir tan lejos como sus jefes intermedios. En efecto, conozca cada una de las habilidades, cualidades y características de sus miembros. Como consecuencia de lo que haga aquí, podrá aprender el siguiente aspecto en nuestra lista.

Aprenda a tratar a los demás como individuos

Hay líderes que consideran que su gente es un medio para un fin. Ellos usan a otras personas para lograr lo que ellos mismos no pueden hacer. Y como ese es el caso, se espera que su lugar de trabajo se caracterice por personas a ser orientadas. Lamentablemente, no es el caso de los líderes que ignoran las expectativas de cada persona de la empresa, que desalientan la expresión creativa de ideas y métodos de trabajo, que retiran recompensas (incluso a través de cumplidos) y que se niegan a delegar debido a la falta de confianza.

Al actuar de manera opuesta, usted aprenderá a valorar a cada individuo dentro de su equipo o su organización. ¿Cómo? Comience por reconocer que cada persona en la empresa o el equipo tienen un conjunto de expectativas de la misma manera que usted tiene sus expectativas. Sea creativo al introducir nuevas formas de desempeño laboral para aliviar el aburrimiento causado por el trabajo repetitivo. Introduzca incentivos para reconocer la contribución de cada individuo con el equipo u organización. Y, finalmente, aprenda a delegar confianza para que cada miembro del grupo se sienta orgulloso de haber contribuido con el equipo o los logros de la organización.

Aprenda a hacer las cosas

Algunos líderes piensan que debido a que tienen subordinados que trabajan para ellos, pueden sentarse y esperar a que se realice el trabajo. Si bien la delegación de trabajo forma parte de una organización, un líder eficaz es alguien que no se sienta a esperar, que oculta información y que es egoísta en cuanto a compartir conocimientos y habilidades, que está lo suficientemente orgulloso como para buscar asesoramiento, que es indeciso y quien particularmente rechaza las tareas que están fuera de su alcance.

Para convertirse en un buen líder, debe aprender a: tomar la iniciativa convirtiéndose en un modelo al asumir tareas que aún están paraser completadas, comparta sus conocimientos y habilidades para ayudar a las personas que tienen dificultades, pida consejo para fomentar el logro de la meta y la participación entre los miembros de su equipo, sea decisivo, entusiasta y enérgico para ayudar a conseguir las cosas hechas, y diga "no" de manera educada cuando ya tenga suficientes tareas en sus manos.

Aprenda a resolver problemas metódicamente

Ser metódico significa utilizar un enfoque paso a paso para resolver problemas. Esta parte es donde se prueban los seis conceptos discutidos anteriormente a medida de que usted le muestre a su equipo o a su organización su enfoque hacia tiempos difíciles. También le ayudará a demostrar su capacidad para llegar a decisiones efectivas que resuelvan el problema, ayuden a su equipo y ayuden a su organización a avanzar. Entonces, ¿qué debes aprender?

Primero, usted debe identificar el problema de la manera más simple y clara posible. Segundo, necesita reunir suficiente información sobre el problema. Tercero, necesita explorar soluciones. Cuarto, necesita evaluar soluciones. En quinto lugar, debe planificar la implementación de esa solución, y en sexto, debe hacer un seguimiento para medir la efectividad de esa solución.

Tenga en cuenta que los métodos enumerados anteriormente pueden o no involucrar a su equipo o sus empleados. Sin embargo, a la luz de la responsabilidad compartida de la empresa y del conocimiento que poseen sus empleados (algunos de los cuales puede que usted no lo sepa), involucrarlos hace que la resolución de problemas sea un esfuerzo de colaboración.

Los puntos a aprender arriba son todos hermosos, y solo una cosa le impedirá aprenderlos: la auto-percepción. ¿Te consideras un líder capaz? ¿Por qué o por qué no? ¿Quieres ser un líder? Entonces, veamos cómo usted puede cambiar la forma en que se ve a sí mismo en el próximo capítulo.

Capítulo 4: Autopercepción Y Gran Liderazgo

Autoconocimiento: un término que captura de manera precisa la definición de autopercepción. Dado que involucrael conocimiento del yo, implica el conjunto de atributos negativos y positivos. En el contexto del liderazgo, evaluarse a sí mismo como alguien capaz de liderar es tan importante como sus métodos de liderazgo. Si, en este momento, experimenta dudas sobre usted mismo, estos consejos lo ayudarán a usted a ver el lado positivo de convertirse en un líder con un potencial ilimitado.

Todo está en su cabeza

Henry Ford dijo: "Si tanto crees que puedes o piensas que no puedes, tienes razón". Nadie puede disipar sus ideas erróneas, excepto usted. Dese cuenta de que para comenzar a convertirse en un líder, usted necesita una mentalidad sana, y un componente de mentalidad sana muestra que usted puede ser un gran líder.

No está en los demás

Es cierto que nosotros tendemos a seguir las mejores prácticas que los grandes líderes tienen. Los grandes líderes son las personas que respetamos, y no necesariamente aquellas que son ricas y famosas. Pero eso no significa abarcar todos sus atributos clave. También significa cultivar un personaje único mientras usted practica convertirse en un líder. Este personaje único lo diferenciará.

No se trata de comparación

Si usted no cree en su capacidad como líder y si usted sigue comparándose con los demás, terminará concentrándose en los atributos de los que carece. Sepa que usted no puede tenerlo todo. En lugar de sentirse inseguro por lo que no tiene, siéntase seguro por las cosas que usted posee. Estos atributos le ayudarán a moverse hacia la cumbre.

Está en su discurso interior

Lo que usted se dice se convierte en su realidad. Entonces, si usted se dice a si mismo que no puede hacerlo, probablemente no pueda, para siempre. Si usted inhibe su potencial de liderazgo derrotándose con pensamientos contraproducentes, nunca se dará cuenta de sus potenciales. Así que ámese a sí mismo. Ámese tanto para que se anime a convertirse en el tipo de líder que usted debe ser.

Está en el futuro

Aquí es donde las personas exitosas se diferencian de las no lo son: la imaginación. Todos tenemos el poder de imaginar grandes cosas, pero algunos de nosotros solo llegamos lejos y nos quedamos allí para siempre. Otros siguen y siguen hasta convertirse en campeones en su propio campo. Haga su elección: ¿se percibirá usted como una persona estancada en el futuro, o se verá como alguien que inspira a la gente a avanzar?

Está en sus esfuerzos

Sí, usted no es perfecto. Y nadie lo es. Por todo lo que usted sabe, alguien de quien usted tiene envidia puede que también le tenga envidia. Hay una cosa tal como una compensación: es un concepto en psicología que trata de cómo las personas resuelven sus carencias al realizar actividades que capitalizan sus fortalezas. El resultado es notable: las personas que se compensan terminarán amándose a sí mismas no solo por sus logros, sino también por su bajo rendimiento.

No hay un enfoque paso a paso para mejorar su autopercepción. Si has escuchado a alguien decir que usted es responsable de su propio aprendizaje, aquí es donde puede usar eso. Comience por cambiar su mentalidad y todo lo demás lo seguirá. Al final, llegará a donde usted quiere estar. Si está en un rol de liderazgo ahora, pero aún está tratando de descubrir cómo puede mejorar, evaluar sus percepciones sobre usted y su liderazgo es una buena manera de comenzar. James Allen, el autor del popular libro "*Como el hombre piensa*", dijo: "Hoy estás donde tus pensamientos te han traído; mañana estarás donde tus pensamientos te lleven

Conclusión

¡Gracias de nuevo por comprar este libro sobre cómo desbloquear su potencial ilimitado como un gran líder!

Estoy sumamente emocionado de pasarle esta información, y estoy muy feliz de que ahora haya leído y espero que pueda implementar estas estrategias en el futuro. Espero que este libro pueda ayudarlo a comprender lo que se necesita para convertirse en el líder que desea ser.

El siguiente paso es comenzar a utilizar esta información y comenzar a aprovechar los beneficios de su nuevo liderazgo.

Si conoce a alguien más que pueda beneficiarse de la información presentada aquí, infórmeles de este libro.

Finalmente, si disfrutó de este libro y siente que ha agregado valor a su vida de alguna manera, tómese el tiempo para compartir sus pensamientos y publicar un comentario en Amazon. ¡Sería muy apreciado!

¡Gracias y buena suerte!

www.ingramcontent.com/pod-product-compliance
Lightning Source LLC
Chambersburg PA
CBHW071246020426
42333CB00015B/1654